ふしぎ？びっくり！

ことばの由来《ゆらい》博《はく》物《ぶつ》館《かん》

行事《ぎょうじ》と遊《あそ》びのことば

文　山下暁美
絵　ヤス・タグチータ

ほるぷ出版

目次《もくじ》

祭《まつ》りや行事《ぎょうじ》のことば

遊《あそ》びやスポーツのことば

まつり【祭り】

意味《いみ》

神《かみ》や先祖《せんぞ》の霊《れい》をむかえ、おそなえなどをしてなぐさめること。また、それにともなう行事《ぎょうじ》。

語源《ごげん》

神《かみ》を儀式《ぎしき》によってあがめ、奉仕《ほうし》するという意味《いみ》の、「まつらう」ということばから。たたりや神《かみ》の怒《いか》りをとき、けがれをはらい、鎮魂《ちんこん》や感謝《かんしゃ》、祈《き》願《がん》をする集団儀礼《しゅうだんぎれい》が本来《ほんらい》の祭《まつ》りであった。

関連《かんれん》することがら

日本《にほん》の祭《まつ》り

祭《まつ》りでは、お酒《さけ》などの飲《の》みものや魚《さかな》、野菜《やさい》、くだものなどをそなえて儀式《ぎしき》をおこなう。日本《にほん》の各地《かくち》にはさまざまな祭《まつ》りがあり、有名《ゆうめい》なものは、全国《ぜんこく》から観光客《かんこうきゃく》がやってくる。

日本三大祭《にほんさんだいまつ》りの一つ、祇園祭《ぎおんまつ》りのようす

がんたん
【元旦】

意《い》味《み》

一年《ねん》の最初《さいしょ》の朝《あさ》。元日《がんじつ》（一月《がつ》一日《にち》）のことをいう場合《ばあい》もある。

語源《ごげん》

「元《がん》」は、はじめという意味《いみ》で、「旦《たん》」は明《あ》け方《がた》のこと。一年《ねん》のはじまりの朝《あさ》である元旦《がんたん》をむかえることは、もっともだいじな行事《ぎょうじ》とされてきた。

関連《かんれん》することば

一日《にち》の計《けい》は朝《あした》にあり、一年《ねん》の計《けい》は元旦《がんたん》にあり

その日《ひ》にすることは、朝《あさ》のうちに計画《けいかく》をたてるべきであり、一年《ねん》のことは、元日《がんじつ》の朝《あさ》に計画《けいかく》をたてるべきである。

しょうがつ
【正月】

意味《いみ》
年《とし》のはじめの月《つき》。一月《がつ》のこと。また、おもに元日《がんじつ》から七日《か》までの松《まつ》の内《うち》のこと。

語源《ごげん》

「正《せい》」という漢字《かんじ》には、あらためる、あらたまるという意味《いみ》がある。年《とし》があらたまった最初《さいしょ》の月《つき》という意味《いみ》で、正月《しょうがつ》という。元日《がんじつ》から七日《か》までを松《まつ》の内《うち》、大正月《おおしょうがつ》といい、十五日《にち》を小正月《こしょうがつ》というが、小正月以降《こしょうがついこう》は、正月《しょうがつ》といわなくなってきている。

関連《かんれん》することがら

正月《しょうがつ》さま

本来正月《ほんらいしょうがつ》は、正月《しょうがつ》さまという農業《のうぎょう》のまもり神《がみ》をむかえ、先祖《せんぞ》の霊《れい》をまつり、一年《ねん》ぶじにすごせるよういのる行事《ぎょうじ》だった。神《かみ》さまをむかえるため、しめ縄《なわ》をあたらしくして、門松《かどまつ》や鏡《かがみ》もちをかざり、雑煮《ぞうに》やおせち料理《りょうり》を、神《かみ》さまといっしょにたべて、新年《しんねん》を祝《いわ》った。

おとしだま

【お年玉】

意味《いみ》

新年《しんねん》のお祝《いわ》いに、目上《めうえ》のものが目下《めした》のものにおくる、おくりもののこと。とくに、正月《しょうがつ》に子《こ》どもにわたすお金《かね》のことをいう。

語源《ごげん》

「お」は頭《あたま》につく語《ご》。「年玉《としだま》」はもともと、「年《とし》のたまもの（賜物）」のこと。正月《しょうがつ》に神《かみ》さまにささげたもちを、神《かみ》のめぐみをわかちあうという意《い》味《み》で、みんなにわけあたえたことがはじまり。

関連《かんれん》することがら

もちがお年玉《としだま》?!

昔《むかし》は、分家《ぶんけ》の人《ひと》が本家《ほんけ》に新年《しんねん》のあいさつにいくと、本家《ほんけ》の主人《しゅじん》が神《かみ》さまにかわって、分家《ぶんけ》の人《ひと》にもちをあたえた。いまでも、子《こ》どもにお年玉《としだま》としてもちをわたす地方《ちほう》がある。お年玉《としだま》のもちを、元気《げんき》や活力《かつりょく》を意味《いみ》する「ふくで」「たましい」とよぶ地方《ちほう》もあり、たべると元気《げんき》にすごせると考《かんが》えられている。

しめなわ

【注連縄・七五三縄】

意味《いみ》

神聖《しんせい》な場所《ばしょ》であることをしめすため、神前《しんぜん》などにはる縄《なわ》。正月《しょうがつ》には、門《もん》や神《かみ》だなにかざる。

語源《ごげん》

ある場所《ばしょ》を自分《じぶん》のものとする、「占《し》める」ということばからきたと考《かんが》えられる。

また古代《こだい》の伝説《でんせつ》では、天照《あまてらす》大神《おおみかみ》が天《あま》の岩戸《いわと》へこもり、天地《てんち》が暗《くら》くなったとき、岩《いわ》戸《と》をひらいて天照大神《あまてらすおおみかみ》を外《そと》へつれだしたあと、縄《なわ》をはって二度《にど》とはいれぬようにした。このときの「しめくくり縄《なわ》」が変化《へんか》したともいう。

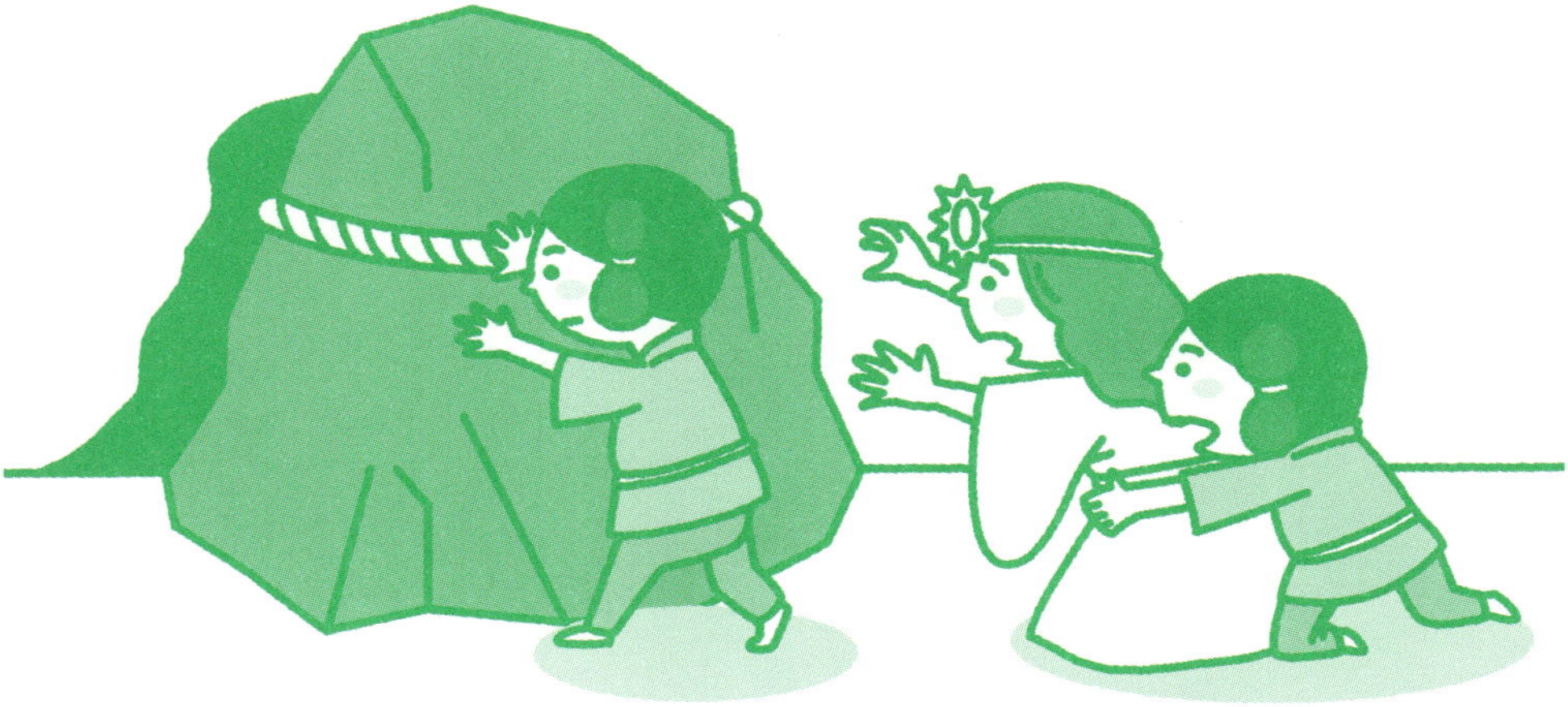

関連《かんれん》することがら

しめ縄《なわ》の形《かたち》

しめ縄《なわ》を「七五三縄《しめなわ》」と書《か》くのはあて字《じ》で、しめ縄《なわ》の形《かたち》によるもの。わらで左《ひだり》よりによった縄《なわ》を、順番《じゅんばん》に七筋《すじ》、五筋《すじ》、三筋《すじ》と、わらのはしがはみでるようにしてたらし、そのあいだに紙四手《かみしで》をはさんでさげる。

しちふくじん

【七福神】

意味《いみ》

大黒天《だいこくてん》、恵比須《えびす》、毘沙門天《びしゃもんてん》、弁財天《べんざいてん》、福禄寿《ふくろくじゅ》、寿老人《じゅろうじん》（または吉祥天《きっしょうてん》）、布袋和尚《ほていおしょう》の七人《にん》の神《かみ》。

語源《ごげん》

「福《ふく》をもたらす七人《にん》の神《かみ》さま」という意味《いみ》のことば。むかし中国《ちゅうごく》で、七人《にん》の人《ひと》が、世《よ》のなかのことからはなれて竹林《ちくりん》にこもり、人間《にんげん》の本《ほん》質《しつ》について議論《ぎろん》したという。この人《ひと》たちは、「竹林《ちくりん》の七賢《しちけん》」とよばれた。これにならい、インドや中国《ちゅうごく》、日本《にほん》の神《かみ》さまたちを、七人《にん》とりあわせたものという説《せつ》がある。

関連《かんれん》することがら

七福神《しちふくじん》まいり

元日《がんじつ》から七日《か》までに、七福神《しちふくじん》におまいりするという習慣《しゅうかん》が、室《むろ》町時代《まちじだい》ごろにはじまり、江戸時《えどじ》代後半《だいこうはん》にさかんになった。

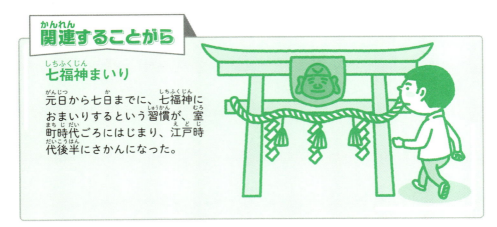

かがみびらき

【鏡開き】

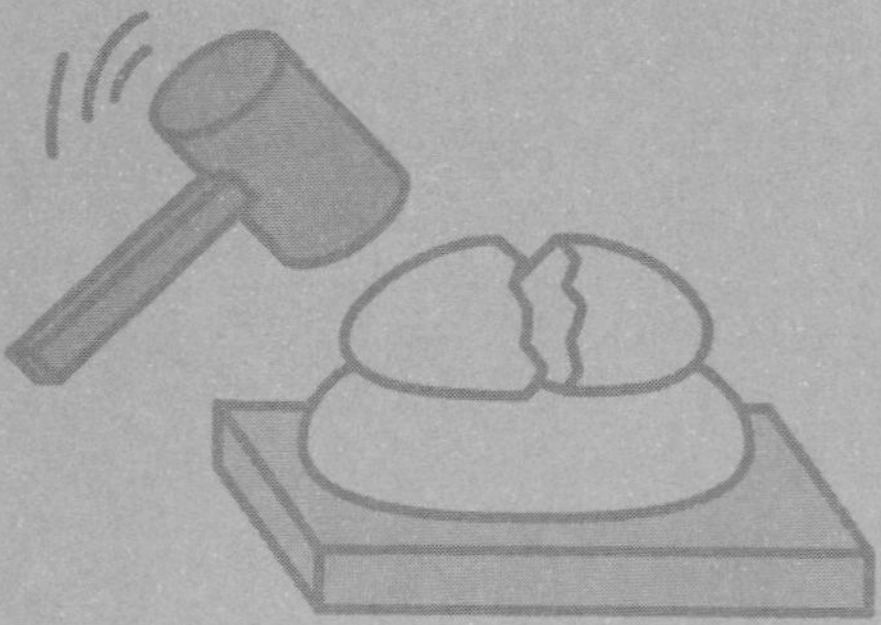

意《い》味《み》

正月《しょうがつ》におそなえした鏡《かがみ》もちをさげて、雑煮《ぞうに》やしるこにしてたべる行事《ぎょうじ》。

語源《ごげん》

鏡《かがみ》もちは、正月《しょうがつ》に神仏《しんぶつ》にそなえる大小《だいしょう》二つのもち。平《ひら》たく丸《まる》い、鏡《かがみ》のような形《かたち》をしている。「開《ひら》き」はもちを割《わ》るという意味《いみ》だが、「割《わ》る」は不吉《ふきつ》なことばなので、「開《ひら》く」というめでたいことばをつかった。

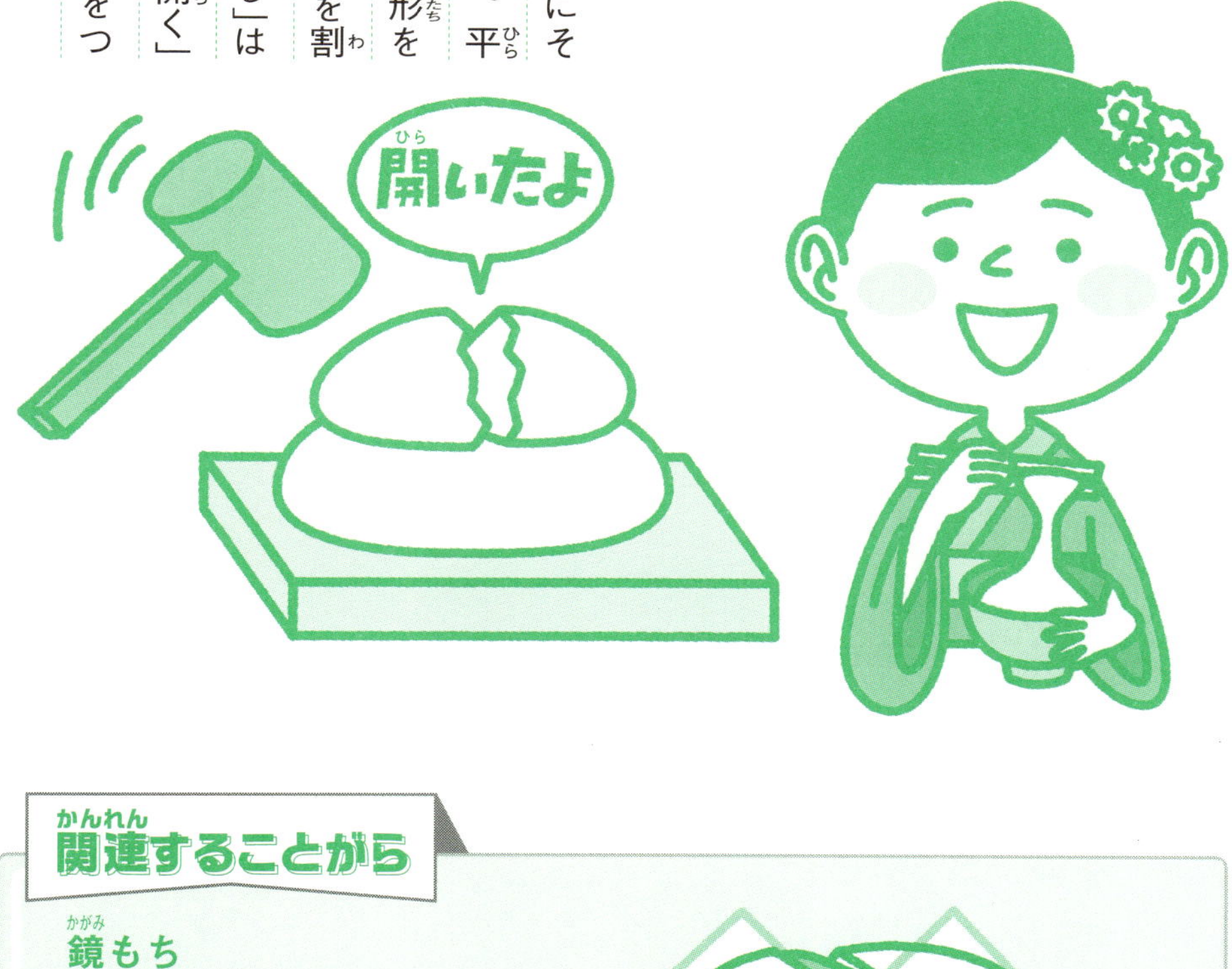

関連《かんれん》することがら

鏡《かがみ》もち

鏡《かがみ》もちは、刃物《はもの》で切《き》ることをさけて、手《て》でたたいたり、木《き》づちなどで割《わ》るのがしきたり。江戸時代《えどじだい》のはじめごろは、一月《がつ》二十日《か》の行事《ぎょうじ》だったが、やがて十一日《にち》におこなわれるようになった。

はりくよう
【針供養】

意味《いみ》

二月《がつ》八日《か》(地方《ちほう》によっては十二月《がつ》八日《か》)に、裁縫《さいほう》で使《つか》った古《ふる》い針《はり》を、供養《くよう》する行事《ぎょうじ》。

語源《ごげん》

供養《くよう》とは、仏《ほとけ》や死者《ししゃ》の霊《れい》にものをそなえて、めい福《ふく》をいのること。針《はり》を人間《にんげん》にみたてて供養《くよう》することを、針供養《はりくよう》という。もともと、毎月《まいつき》八日《か》は物忌《ものい》みといって、行動《こうどう》をつつしみ、身《み》を清《きよ》める日《ひ》だった。この日《ひ》は、針《はり》を使《つか》う仕事《しごと》をやめ、裁縫《さいほう》も休《やす》んだ。江戸時代《えどじだい》の後半《こうはん》から、裁縫《さいほう》の上達《じょうたつ》をねがって、折《お》れたり古《ふる》くなったりした針《はり》を供養《くよう》する習慣《しゅうかん》がうまれた。

関連《かんれん》することがら

大切《たいせつ》だった針《はり》

針《はり》は、女性《じょせい》にとって大切《たいせつ》なものだったので、使《つか》えなくなっても、ただ捨《す》てることはしなかった。一年間《ねんかん》とっておいて、針供養《はりくよう》の日《ひ》に豆腐《とうふ》やこんにゃくにさして川《かわ》に流《なが》したり、神社《じんじゃ》におさめて供養《くよう》した。

ひなまつり

【ひな祭り】

意味《いみ》
三月三日《がつかか》にひな人形《にんぎょう》をかざり、女《おんな》の子《こ》の成長《せいちょう》を祝《いわ》う祭《まつ》り。

語源《ごげん》

「ひな（雛）」は、小《ちい》さくかわいいという意味《いみ》のことば。昔《むかし》、貴族《きぞく》たちのあいだに、男女《だんじょ》一対《つい》の紙人形《かみにんぎょう》を使《つか》ってする「ひいな（雛）」の遊《あそ》びがあった。やがて、季節《きせつ》のかわりめに、人形《にんぎょう》でからだをなでてけがれをはらい、水《みず》に流《なが》して神《かみ》におくる行事《ぎょうじ》がうまれた。ひいな遊《あそ》びと、厄《やく》よけの人形《にんぎょう》の信仰《しんこう》がむすびついて、ひな祭《まつ》りになったと考《かんが》えられている。

関連《かんれん》することがら

ひな人形《にんぎょう》

女《おんな》の子《こ》のいる家《いえ》では、三月《がつ》三日《か》にひな人形《にんぎょう》をかざり、ひしもちや白酒《しろざけ》をそなえる。現在《げんざい》のようなひな壇《だん》の形《かたち》ができたのは、江戸時代《えどじだい》の元禄年間《げんろくねんかん》（一六八八〜一七〇四年《ねん》）と考《かんが》えられている。

はなみ

【花見】

意味《いみ》

おもに、さくらの花《はな》を鑑《かん》賞《しょう》して楽《たの》しむこと。さくらを見《み》ながら、屋外《おくがい》で飲《いん》食《しょく》する行楽《こうらく》のこともいう。

語《ご》源《げん》

さくらは、奈良時代《ならじだい》から日《に》本人《ほんじん》にこのまれてきた、日《に》本《ほん》の代表的《だいひょうてき》な花《はな》。昔《むかし》、「花《はな》」というのはさくらをさすことばだった。いまではいろいろな花《はな》があるが、「花見《はなみ》」とは、さくらを見《み》ることにかぎっていった。

関連《かんれん》することがら

ソメイヨシノ

現在《げんざい》、日本《にほん》でいちばん多《おお》く見《み》られるさくらは、「ソメイヨシノ」という種類《しゅるい》。江戸時代《えどじだい》のおわりごろ、東京《とうきょう》の染井村《そめいむら》（東京都豊島区駒込《とうきょうとしまくこまごめ》）の植木職人《うえきしょくにん》が、早《はや》く満開《まんかい》になるように品種改良《ひんしゅかいりょう》したものが、全国《ぜんこく》にひろまった。それまでは、奈良原産《ならげんさん》の「吉野桜《よしのざくら》」が一般的《いっぱんてき》だった。

ソメイヨシノ（染井吉野《そめいよしの》）

どんたく

意味《いみ》

日曜日《にちようび》、または休日《きゅうじつ》のこと。行事《ぎょうじ》としては、福岡《ふくおか》県《けん》の博多《はかた》で、五月《がつ》三日《か》、四日《か》におこなわれる祭《まつ》り「博多《はかた》どんたく」のこと。

語《ご》源《げん》

どんたくは、オランダ語《ご》で休日《きゅうじつ》という意味《いみ》の「ゾンターク」が、日本《にほん》にはいって変化《へんか》したことば。

祭《まつ》りの博多《はかた》どんたくは、平《へい》安時代《あんじだい》からの正月行事《しょうがつぎょうじ》だった「松《まつ》ばやし」が、町人《ちょうにん》のあいだで、新年《しんねん》のあいさつまわりとむすびついたことがはじまり。

関連《かんれん》することがら

博多《はかた》どんたく

「どんたく」の名《な》になったのは明治時代《めいじじだい》で、博多《はかた》の流行語《りゅうこうご》だったため。一九四九年《ねん》から五月《がつ》に開催《かいさい》されるようになり、その後《ご》「福岡市民《ふくおかしみん》の祭《まつ》り」としておこなわれている。

博多《はかた》どんたく（福岡市民《ふくおかしみん》の祭《まつ》り振興会事務局《しんこうかいじむきょく》）

たんごのせっく

【端午の節句】

意味《いみ》

五月《がつ》五日《か》に、男《おとこ》の子《こ》の成《せい》長《ちょう》を祝《いわ》う祭《まつ》りの行事《ぎょうじ》。しょうぶの節句《せっく》ともいう。今《いま》は子《こ》どもの日《ひ》といって、休日《きゅうじつ》。

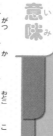

語源《ごげん》

「端《たん》」は、「はじめの」という意《い》味《み》。「午《ご》」は、十二支《じゅうにし》のうま（午）のことで、発音《はつおん》が「五」と同《おな》じことから、五月《がつ》の最《さい》初《しょ》の五のつく日《ひ》。「節句《せっく》」は中《ちゅう》国《ごく》からつたわった、季節《きせつ》のふしめにおこなう民間行事《みんかんぎょうじ》のことをさす。一年《ねん》を十二《じゅうに》支《し》にわけると、五月《がつ》は午《うま》にあたる。中国《ちゅうごく》では五月《がつ》はわるいことがある月《つき》と考《かんが》えられ、その最初《さいしょ》の五の日《ひ》に厄《やく》ばらいをしていたのが、日《に》本《ほん》につたわった。

関連《かんれん》することがら

武家《ぶけ》のお祝《いわ》い

においの強《つよ》いよもぎやしょうぶ（菖蒲）を、魔《ま》よけのおまじないにつかう習慣《しゅうかん》は、中国《ちゅうごく》からつたわった。しょうぶは「尚武《しょうぶ》」（武術《ぶじゅつ》や勇気《ゆうき》を大切《たいせつ》にすること）と発音《はつおん》が同《おな》じことから、日本《にほん》では武家《ぶけ》を中心《ちゅうしん》に、男《おとこ》の子《こ》の誕生《たんじょう》や成長《せいちょう》を祝《いわ》う行事《ぎょうじ》にかわっていった。

さんじゃまつり【三社祭り】

意味《いみ》
五月《がつ》の第《だい》三金《きん》・土《ど》・日曜《にちよう》におこなわれる、東京《とうきょう》にある浅草神社《あさくさじんじゃ》の祭《まつ》り。

語源《ごげん》

浅草神社《あさくさじんじゃ》が、明治時代《めいじじだい》まで三社神社《さんじゃじんじゃ》とよばれていたことに由来《ゆらい》する。三社神社《さんじゃじんじゃ》の名《な》は、昔《むかし》、浅草観音《あさくさかんのん》を発見《はっけん》したという土師真中知《はじのまっち》、桧前浜成《ひのくまはまなり》、桧前竹成《ひのくまたけなり》の三人《にん》をまつったことからつけられた。

関連《かんれん》することば

三社祭《さんじゃまつ》り

一三一六年《ねん》（正和《せいわ》五年《ねん》）に、神《かみ》のおつげによってはじめられたといわれる。真中地《まっち》、浜成《はまなり》、竹成《たけなり》の、三基《き》のみこしがでる。浅草祭《あさくさまつ》りともいい、神田祭《かんだまつ》り、山王祭《さんのうまつ》りとともに江戸三大祭《えどさんだいまつ》りの一つとなっている。

三社祭《さんじゃまつ》り

おぼん

【お盆】

意味《いみ》

旧暦《きゅうれき》の七月《がつ》十三日《にち》から十六日《にち》を中心《ちゅうしん》に、祖先《そせん》の霊《れい》をむかえ、供養《くよう》する仏《ぶっ》教《きょう》の行事《ぎょうじ》。

語源《ごげん》

古代《こだい》インドの仏教《ぶっきょう》のことばで「非常《ひじょう》な苦《くる》しみ」をあらわすとされる「ウランバーナ」が、日本《にほん》で「うらぼん（盂蘭盆）」となり、通称《つうしょう》、お盆《ぼん》というようになった。しゃかの弟子《でし》が、死《し》んで地獄《じごく》におちた母《はは》の霊《れい》が成仏《じょうぶつ》するよう、おそなえをして供養《くよう》したという故事《こじ》にもとづく。ほかに、そなえものをのせる「ほとぎ」という器《うつわ》を「ぼに」とよんだからだとする説《せつ》もある。

関連《かんれん》することがら

お中元《ちゅうげん》

中国《ちゅうごく》のならわしで、旧暦《きゅうれき》※七月《がつ》十五日《にち》は「中元《ちゅうげん》」といって、神《かみ》に金品《きんぴん》をそなえて罪《つみ》ほろぼしをする日《ひ》だった。これが日本《にほん》のお盆《ぼん》とかさなり、生《い》きている人《ひと》への供養《くよう》という考《かんが》えとむすびついて、お世話《せわ》になっている人《ひと》へおくりものをする習慣《しゅうかん》になった。

※日本《にほん》でかつて使《つか》われていた、月《つき》の満《み》ち欠《か》けをもとに、季節《きせつ》をあらわす太陽《たいよう》の動《うご》きも考《かんが》えてつくられたこよみ。

ねぶた

意味《いみ》

八月《がつ》のはじめに、東北地《とうほくち》方《ほう》でおこなわれる行事《ぎょうじ》。青森県《あおもりけん》青森市《あおもりし》と弘前市《ひろさきし》（こちらは「ねぷた」）のものが有名《ゆうめい》。

語源《ごげん》

ねぶたは「ねむたい」ということばからきたといわれる。祭《まつ》りは別名《べつめい》「ねぶり流《なが》し」ともいい、あつい夏《なつ》にねむけをおいだし、悪霊《あくりょう》をはらうため、灯籠《とうろう》をながしたことにはじまるという。また、平安時代《へいあんじだい》の征夷大将軍《せいいたいしょうぐん》、坂上田村麿呂《さかのうえのたむらまろ》が蝦夷征伐《えぞせいばつ》のとき、大《おお》きな灯籠《とうろう》をつくって敵《てき》の本陣《ほんじん》をさがしあて、勝利《しょうり》を得《え》た故事《こじ》からはじまったという説《せつ》もある。

関連《かんれん》することがら

ねぶた祭《まつ》り

青森市《あおもりし》のねぶた祭《まつ》りでは、高《たか》さ最大《さいだい》5メートルもの人形灯籠《にんぎょうとうろう》がいくつもはこばれ、そのまわりを「ハネト」とよばれる浴衣《ゆかた》を着《き》た踊《おど》り手《て》が、「ラッセーラー」という声《こえ》をかけながら飛《と》びはねる。国《くに》の重要無形民俗文化財《じゅうようむけいみんぞくぶんかざい》にも指定《してい》された、とてもにぎやかな祭《まつ》り。

ねぶたのようす

ちゅうしゅうのめいげつ

【中秋の名月】

意味《いみ》

旧暦《きゅうれき》八月《がつ》十五日《にち》の月《つき》のこと。この夜《よる》、月見《つきみ》だんごなどをそなえ、月《つき》をまつる「お月見《つきみ》」をする。

語源《ごげん》

旧暦《きゅうれき》では、七、八、九月《がつ》の三か月《げつ》が、秋《あき》になる。そのまんなかの月《つき》なので、八月《がつ》を中秋《ちゅうしゅう》といい、とくに十五日《にち》の月《つき》を「中秋《ちゅうしゅう》の名月《めいげつ》」といって観賞《かんしょう》するようになった。また、この月《つき》を「十五夜《じゅうごや》」ともいう。

関連《かんれん》することがら

お月見《つきみ》

中秋《ちゅうしゅう》の名月《めいげつ》を観賞《かんしょう》するお月《つき》見《み》のならわしは、平安時代《へいあんじだい》に中国《ちゅうごく》からつたえられ、貴《き》族《ぞく》のあいだにひろまった。貴族《きぞく》たちは、月《つき》の光《ひかり》の下《した》で、酒《さけ》をのんだり、詩歌《しいか》をよんだりした。中国《ちゅうごく》では、月餅《げっぺい》というお菓子《かし》や、なし、すいかなどまるいものをそなえる。日本《にほん》では、すすきやだんごのほか、枝豆《えだまめ》や、いもをそなえる地方《ちほう》もある。月《つき》見《み》のそなえものは、ぬすんでもよいとする地方《ちほう》は多《おお》く、子《こ》どもにとられると縁起《えんぎ》がよいとつたえられている。

しちごさん

【七五三】

意味《いみ》

十一月十五日《がつ》《にち》におこなわれる、三歳《さい》、五歳《さい》、七歳《さい》の子《こ》どもの成長《せいちょう》を祝《いわ》う行事《ぎょうじ》。

語源《ごげん》

この日《ひ》、三歳《さい》の男女児《だんじょじ》、五歳《さい》の男児《だんじ》、七歳《さい》の女児《じょじ》が、氏神《うじがみ》におまいりしてお祝《いわ》いをすることから。中国《ちゅうごく》にならって、日本《にほん》でも昔《むかし》から、奇数《きすう》をめでたい数《かず》としてきた。また、三歳《さい》、五歳《さい》、七歳《さい》は、成長《せいちょう》の節目《ふしめ》と考《かんが》えられ、古《ふる》いならわしで、男女児《だんじょじ》が三歳《さい》で髪《かみ》おきの祝《いわ》い、男児《だんじ》が五歳《さい》で袴着《はかまぎ》の祝《いわ》い、女児《じょじ》が七歳《さい》で帯《おび》ときの祝《いわ》いをおこなっていたのが、変化《へんか》して七五三《しちごさん》となった。

関連《かんれん》することがら

七五三《しちごさん》のはじまり

十一月《がつ》十五日《にち》は、こよみのうえで、祝《いわ》いごとをするのにもっともよい日《ひ》とされていた。将軍徳川綱吉《しょうぐんとくがわつなよし》の子《こ》、徳松《とくまつ》の成長《せいちょう》のお祝《いわ》いが、十一月《がつ》十五日《にち》におこなわれたことから、この日《ひ》が七五三《しちごさん》になったといわれる。お祝《いわ》いの千歳《ちとせ》あめは、元和元年《げんながんねん》（一六一五年《ねん》）ごろにはじめてつくられたらしい。

とりのいち

【酉の市】

意味《いみ》

十一月《がつ》の酉《とり》の日《ひ》、各地《かくち》の鷲明神《おおとりみょうじん》、大鳥明神《おおとりみょうじん》をまつる神社《じんじゃ》でおこなわれる祭《まつ》り。

語源《ごげん》

酉《とり》とは、十二支《じゅうにし》のとりのこと。祭《まつ》りの日《ひ》、境内《けいだい》には商売繁盛《しょうばいはんじょう》をいのって、縁起《えんぎ》ものの熊手《くまで》などが売《う》られる市《いち》がたつことから「酉《とり》の市《いち》」という。十一月中《がつちゅう》には何回《なんかい》か酉《とり》の日《ひ》があり、一の酉《とり》、二の酉《とり》、三の酉《とり》とかぞえる。とくに一の酉《とり》が盛大《せいだい》で、東京《とうきょう》・浅《あさ》草《くさ》の鷲神社《おおとりじんじゃ》のものが有名《ゆうめい》。

関連《かんれん》することがら

三の酉《とり》の迷信《めいしん》

十一月《がつ》に三の酉《とり》まである年《とし》は、火事《かじ》が多《おお》いという迷信《めいしん》があった。にわとりのとさかが赤《あか》いため、火《ひ》を連想《れんそう》したともいわれるが、根拠《こんきょ》はない。

おせいぼ

【お歳暮】

意味《いみ》

年末《ねんまつ》に、おせわになった人《ひと》へ感謝《かんしゃ》をこめておくる、おくりもの。

語源《ごげん》

年末《ねんまつ》という意味《いみ》の「歳《とし》（年）の暮《く》れ」からできたことばと考《かんが》えられる。もともとは、お正月《しょうがつ》の神《かみ》さまにそなえるごちそうなどを、もちよったことがはじまり。のちに、お盆《ぼん》のお中元《ちゅうげん》（P31参照《さんしょう》）と同《おな》じように、目上《めうえ》の人《ひと》へのおくりものに変化《へんか》した。

関連《かんれん》することがら

もちつき

もちつきは、十二月《がつ》二十五日《にち》ごろから二十八日《にち》までにすることが多い。二十九日《にち》にもちをつくと、九がつくので「苦持《くも》ち」となっていやがられ、大《おお》みそかも「一夜《いちや》もち」になるためさけられた。関西地方《かんさいちほう》では、十二月《がつ》十三日《にち》にもちをついて、お歳暮《せいぼ》としてもっていく習慣《しゅうかん》があった。

なまはげ

意味《いみ》

秋田県男鹿市《あきたけんおがし》などにつたわる行事《ぎょうじ》。おにの仮装《かそう》をした人《ひと》たちが、十二月《がつ》三十一日《にち》の夜《よる》、家《いえ》いえをまわる。

語《ご》源《げん》

仕事《しごと》をせず、火《ひ》にあたってばかりいるなまけものにできるやけどを「なもみ」という。それを、おにが刃物《はもの》ではぎとるという意味《いみ》の「なもみはぎ」が、変化《へんか》したことば。お正月《しょうがつ》の神《かみ》さまが、人間《にんげん》に祝福《しゅくふく》をあたえるためにおりてくるという信仰《しんこう》にもとづく行事《ぎょうじ》で、もとは旧暦《きゅうれき》一月《がつ》十五日《にち》におこなわれていた。

関連《かんれん》することがら

こわいなまはげ

おにの姿《すがた》をしたなまはげが、家《いえ》いえをまわり、「泣《な》く子《こ》はいないか」、「親《おや》のいうことを聞《き》かぬ子《こ》はいないか」などといって、子《こ》どもたちをおどす。親《おや》は、子《こ》どもにかわってあやまったり、酒《さけ》やごちそうで、なまはげをもてなしたりする。

じょやのかね

【除夜の鐘】

意味《いみ》

一年《ねん》の最後《さいご》の日《ひ》である大《おお》みそかの夜《よる》、十二時前《じぜん》後《ご》にお寺《てら》で鳴《な》らされる、百八つの鐘《かね》。

語源《ごげん》

大《おお》みそかは、「古《ふる》い年《とし》を除《のぞ》く日《ひ》」という意味《いみ》で「除日《じょじつ》」といい、その夜《よる》を「除夜《じょや》」という。仏教《ぶっきょう》では、人間《にんげん》には百八のぼんのう（心身《しんしん》につきまとい、人《ひと》をなやますまよいや考《かんが》え）があるとされる。そのぼんのうをとりのぞくため、除夜《じょや》の十二時《じ》をはさんで、百八つの鐘《かね》を鳴《な》らす。

関連《かんれん》することがら

年《とし》こしそば

大《おお》みそかには、「年《とし》こしそば」といって、日本《にほん》そばをたべる習慣《しゅうかん》がある。これは、長《なが》いそばをたべて、長生《ながい》きできるように願《ねが》ったことからはじまった。

冠婚葬祭《かんこんそうさい》のことば

冠婚葬祭《かんこんそうさい》は、昔《むかし》からもっともたいせつとされてきた四つの行事《ぎょうじ》のことをいいます。「冠《かん》」は、元服《げんぷく》（いまの成人式《せいじんしき》）を祝《いわ》う男子《だんし》が礼服《れいふく》を着《き》て、かぶった冠《かんむり》からとったもので、成人式《せいじんしき》の意味《いみ》があります。「婚《こん》」は婚礼《こんれい》、「葬《そう》」は葬儀《そうぎ》、「祭《さい》」は先祖《せんぞ》や神《かみ》がみをまつる祭《まつ》りの行事《ぎょうじ》をいいます。現在《げんざい》では、これらのほかに入学《にゅうがく》、卒業《そつぎょう》、就職《しゅうしょく》、出産《しゅっさん》（誕生《たんじょう》）などのふし目《め》の時期《じき》もふくめます。また、新年《しんねん》、クリスマス、七五三《しちごさん》、昇格《しょうかく》、入賞《にゅうしょう》、叙勲《じょくん》、米寿《べいじゅ》、新築《しんちく》などのお祝《いわ》いごとがある一方《いっぽう》で、遭難《そうなん》、事故《じこ》、けが、病気《びょうき》、入院《にゅういん》など悲《かな》しいできごともおきるでしょう。このような場合《ばあい》、これらのできごとにかかわっている人《ひと》やその家族《かぞく》に、会《あ》ったり、手紙《てがみ》を送《おく》ったりしてことばをかけます。ことばをかけられた人《ひと》は、お礼《れい》の返事《へんじ》をします。もちろん、ともに祝《いわ》う行事《ぎょうじ》などもあります。

祝《いわ》いごとでもっとも多《おお》く使用《しよう》されることばは「おめでとう」でしょう。「めでたい」は「愛《め》でたい」、つまり相手《あいて》の幸福《こうふく》を祝《いわ》いたいという意味《いみ》です。「めでたい」ということばは、鎌倉時代《かまくらじだい》ごろから使《つか》われていましたが、「おめでとうございます」というかたちになったのは、江戸時代《えどじだい》だということです。結婚式《けっこんしき》などでは「幾久《いくひさ》しく」「けっこうなお日和《ひより》で」「ご縁《えん》がありまして」など祈《いの》りをこめたことばがたくさん使《つか》われます。また、お礼《れい》をいうときには、「おかげさまで」という表現《ひょうげん》を使《つか》いますが、神《かみ》や仏《ほとけ》のご加護《かご》と人《ひと》びとの厚意《こうい》によって自分《じぶん》が生《い》かされていることを感謝《かんしゃ》する表現《ひょうげん》です。

一方悲《いっぽうかな》しみの場合《ばあい》は、「ご愁傷《しゅうしょう》さま」といいます。これはなげき悲《かな》しむという意味《いみ》で、死者《ししゃ》の関係者《かんけいしゃ》に対《たい》する同情《どうじょう》の気持《きも》ちをあらわしています。このことばは、江戸時代《えどじだい》から使《つか》われていました。返事《へんじ》は「ありがとうございます。故人《こじん》もさぞよろこんでおりましょう」などといいます。「お力落《ちからお》としのございませんように」や「お役《やく》にたちませんが、何《なに》かご用《よう》がありましたら、何《なん》なりとおっしゃってください」など、はげましのことばや手《て》だすけをする気持《きも》ちをつたえるようにすると、よりまごころがつたわるでしょう。相手《あいて》が悲《かな》しんでいるときはなかなかよいことばがなくて、考《かんが》えてしまいますが、沈黙《ちんもく》をなによりの表現《ひょうげん》と考《かんが》えて、心《こころ》をこめて頭《あたま》をさげることもあります。

「忌《い》みことば」といって、ある場所《ばしょ》で口《くち》にしてはいけないことばや、そのかわりに使《つか》うことばがあります。忌《い》みことばは「神《かみ》へのおそれ」によるものや、「悪《わる》いことがわが身《み》や身内《みうち》にふりかかることをさけたい」という気持《きも》ちが根本《こんぽん》にあります。

忌《い》みことばは山《やま》ことば、沖《おき》ことば、正月《しょうがつ》ことば、夜《よる》ことば、縁起《えんぎ》ことばなどにわけられます。山《やま》と海《うみ》はこの世《よ》とはちがう清《きよ》らかな世界《せかい》だと考《かんが》えて、山《やま》や海《うみ》にいるときにかぎって使《つか》うことばを「山《やま》ことば」「沖《おき》ことば」といいます。縁起《えんぎ》ことばで、「切《き》れる」「割《わ》れる」などを避《さ》け、結婚《けっこん》の披露宴《ひろうえん》などでおわりを「お開《ひら》き」といっておわるのも、縁《えん》起《ぎ》をかついだ表現《ひょうげん》です。

おさらい&チャレンジクイズ！

Q1 元旦《がんたん》におがむとよいとされるものは何《なに》？

Q2 正月《しょうがつ》に、親《おや》や年上《としうえ》の人《ひと》からもらう「お年玉《としだま》」は、もともとは何《なに》をわけたもの？

Q3 十一月《がつ》十五日《にち》は七五三《しちごさん》の日《ひ》。お祝《いわ》いにたべるものは何《なに》？

Q4 鏡《かがみ》もちを割《わ》ってたべる行事《ぎょうじ》を何《なん》という？

Q5 「酉《とり》の市《いち》」で売《う》られる、福《ふく》をかきこむ縁起《えんぎ》ものとは何《なに》？

答《こた》えは96ページへ！

あそび

【遊び】

意味《いみ》

日常生活《にちじょうせいかつ》からきりはなし、目的《もくてき》をもたず、好《す》きなことをしてたのしむこと。

語源《ごげん》

昔《むかし》は、神《かみ》さまにいのる儀式《ぎしき》など、とくに死者《ししゃ》をとむらうときにささげる、歌《うた》や舞《まい》を「あそび」といった。これに、中国語《ちゅうごくご》で今《いま》の遊《あそ》びを意味《いみ》する「遊」の字《じ》をあてた。

関連《かんれん》することがら

ままごと

子《こ》どもの遊《あそ》びの一つ。家庭《かてい》の日常生活《にちじょうせいかつ》にならって、炊事《すいじ》や食事《しょくじ》などのまねごとをするもの。「まま」はごはん、あるいはお母《かあ》さんのことで、「ごと（こと）」は、儀式《ぎしき》などをあらわすと考《かんが》えられる。

おもちゃ【玩具】

意味《いみ》
子《こ》どもが遊《あそ》ぶときに、使《つか》う道具《どうぐ》。

語源《ごげん》

「もてあそび（持て遊び）」が「もちゃあそび」になり、それに頭《あたま》につく語《ご》の「お」がついたのが「おもちゃあそび」。下《した》を省略《しょうりゃく》して、「おもちゃ」となった。

関連《かんれん》することがら

こま（独楽）

日本《にほん》の伝統的《でんとうてき》なおもちゃの一つ。木《き》や鉄《てつ》などでできていて、軸《じく》をひねってまわしたり、ひもをまきつけてから、なげてまわしたりして遊《あそ》ぶ。「こま」の由来《ゆらい》は、高麗《こうらい》（昔《むかし》の朝鮮《ちょうせん》。「こま」とも読《よ》む）の人《ひと》の踊《おど》りで、体《からだ》を回転《かいてん》させる踊《おど》りがあったからという説《せつ》、また、このおもちゃが高麗《こうらい》からつたわったからという説《せつ》などがある。

なぞなぞ

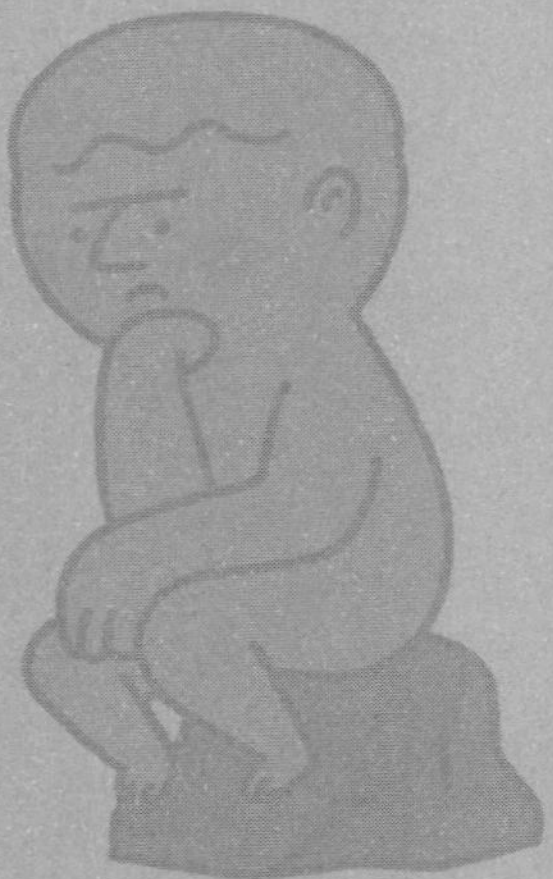

意味《いみ》

あらかじめ答《こた》えを用意《ようい》して、相手《あいて》にほかのことばで問《と》いかけてあてさせる、ことばの遊《あそ》び。

語源《ごげん》

相手《あいて》に問《と》いかけるときに、「～とはなんぞ（何ぞ）」といっていた。「なんぞ」が「なぞ」とつまって、「なぞなぞ」となった。

関連《かんれん》することがら

いろいろななぞなぞ

①あたってもあたっても、いたくないもの、なあに？
②大《おお》きい口《くち》からいれて、小《ちい》さい口《くち》からだすもの、なあに？
③使《つか》わないときは年寄《としよ》りで、使《つか》ってからわかくなるもの、なあに？

（答《こた》え・①こたつ　②やかん　③筆《ふで》。毛《け》が黒《くろ》くなるから）

じょうだん【冗談】

意味《いみ》

むだな話《はなし》をして、時間《じかん》をとってしまうこと。ふざけていうこと。

語源《ごげん》

古《ふる》くは「ぞうたん（雑談）」といって、とりとめのない話《はなし》をさすことばであったが、それがなまって「じょうだん」となった。いっぽう、今日《こんにち》の「雑談《ざつ》」は、むだ話《ばなし》などをしながら、気軽《きがる》に話《はな》しあうことをいう。

関連《かんれん》することば

冗談半分《じょうだんはんぶん》

本心《ほんしん》と冗談《じょうだん》を、まぜて話《はな》すことで、いいにくいことをいうときに使《つか》う方法《ほうほう》。また、あまり本気《ほんき》ではなく、からかいぎみに何《なに》かをすることもいう。

じゃんけん

意《い》味《み》

片手《かたて》でグー（石《いし》）、チョキ（はさみ）、パー（紙《かみ》）の形《かたち》をだしあって、勝負《しょうぶ》や順《じゅん》番《ばん》をきめる遊《あそ》び。足《あし》じゃんけんもある。

語源《ごげん》

元《げん》禄《ろく》時《じ》代《だい》（一六八八～一七〇四年《ねん》）に、中国《ちゅうごく》の「リャンケン（両拳）」という遊《あそ》びが日本《にほん》にはいり、いい方《かた》が変《へん》化《か》して「じゃんけん」になった。「拳《けん》」とは、手《て》の指《ゆび》の動作《どうさ》で、勝負《しょうぶ》をきめる遊《あそ》びをさす。

関連《かんれん》することがら

「ぽん」ってなに？

じゃんけんをするとき「じゃんけんぽん」のかけ声《こえ》で、いっせいに手《て》をだす。「ぽん」は、「衝《しょう》突《とつ》する」「であう」という意《い》味《み》がある。

しゃぼんだま

【しゃぼん玉】

意味《いみ》

せっけん水《すい》にストローの先《さき》をつけ、息《いき》をふきこんでふくらませた水玉《みずたま》。また、それを空中《くうちゅう》に浮《う》かせる遊《あそ》び。

語源《ごげん》

ポルトガル語《ご》でせっけんを意味《いみ》する「サバォン」に、「玉《たま》」がついたとされる。スペイン語《ご》のせっけん、「ハボン」の、古《ふる》い発音《はつおん》とする説《せつ》もある。

関連《かんれん》することがら

昔《むかし》のしゃぼん玉《だま》

しゃぼん玉《だま》の道具《どうぐ》や、せっけん水《すい》を売《う》る人《ひと》を「ふき玉屋《だまや》」とよぶ。日本《にほん》では、一六七七年《ねん》ごろから、右《みぎ》のようなかっこうをした人《ひと》たちが売《う》り歩《ある》いていた。

かるた
【歌留多・骨牌】

意味《いみ》
厚紙《あつがみ》に絵《え》やことばが書《か》いてあり、組《くみ》になっている、遊《あそ》び用《よう》の札《ふだ》。

語源《ごげん》

ポルトガル語《ご》でカード（札《ふだ》）を意味《いみ》する「カルタ」が、日本語《にほんご》にとりいれられたことば。織田信長《おだのぶなが》のころに、「天正《てんしょう》かるた」がつたわった。「歌留多」はあて字《じ》。「骨牌」は、中国語《ちゅうごくご》でかるたのこと。

関連《かんれん》することがら

歌《うた》カルタ

百人一首《ひゃくにんいっしゅ》などの和歌《わか》を書《か》いたかるた。お正月《しょうがつ》には、かるたとりの遊《あそ》びがよくおこなわれる。

貝形源氏歌《かいがたげんじうた》カルタ（大牟田市立三池《おおむたしりつみいけ》カルタ・歴史資料館蔵《れきししりょうかんぞう》）

さいころ【賽子】

意味《いみ》

立方体《りっぽうたい》の面《めん》に、一から六までの数《かず》を、丸《まる》でしめしたもの。すごろくなどの遊《あそ》びや、かけごとなどに使《つか》う。

語源《ごげん》

中国語《ちゅうごくご》では、「シャイツ（賽子）」という。日本《にほん》にはいってから、これがなまって「さい」になり、コロコロところがることから、「ころ」がついた。漢字《かんじ》の「さい（賽）」には、優劣《ゆうれつ》をあらそうという意味《いみ》がある。

関連《かんれん》することがら

すごろく

インドではじまり、唐《とう》の時代《じだい》の中国《ちゅうごく》から日本《にほん》につたわった。二つのさいころをふり、でた目《め》の数《かず》によって、こまをすすめる遊《あそ》び。「すごろく（双六）」というのは、六つの目《め》があるさいころを、「ふたつ（双）」使《つか》ったからといわれる。

しょうぎ

【将棋】

意味《いみ》

八十一の目《め》がある盤《ばん》のうえで、二十枚《まい》ずつもったこまを動《うご》かし、王将《おうしょう》を先《さき》にとったほうが勝《か》ちとする遊《あそ》び。

語源《ごげん》

約《やく》五千年《ねん》まえのインドの「チャトルアンガ」という遊《あそ》びが、中国《ちゅうごく》につたわって「シャンシ（象戯）」「チャンシ（将棋）」などとなった。これが奈良時代《ならじだい》に日本《にほん》にはいって、「しょうぎ（将棋）」と読《よ》まれた。

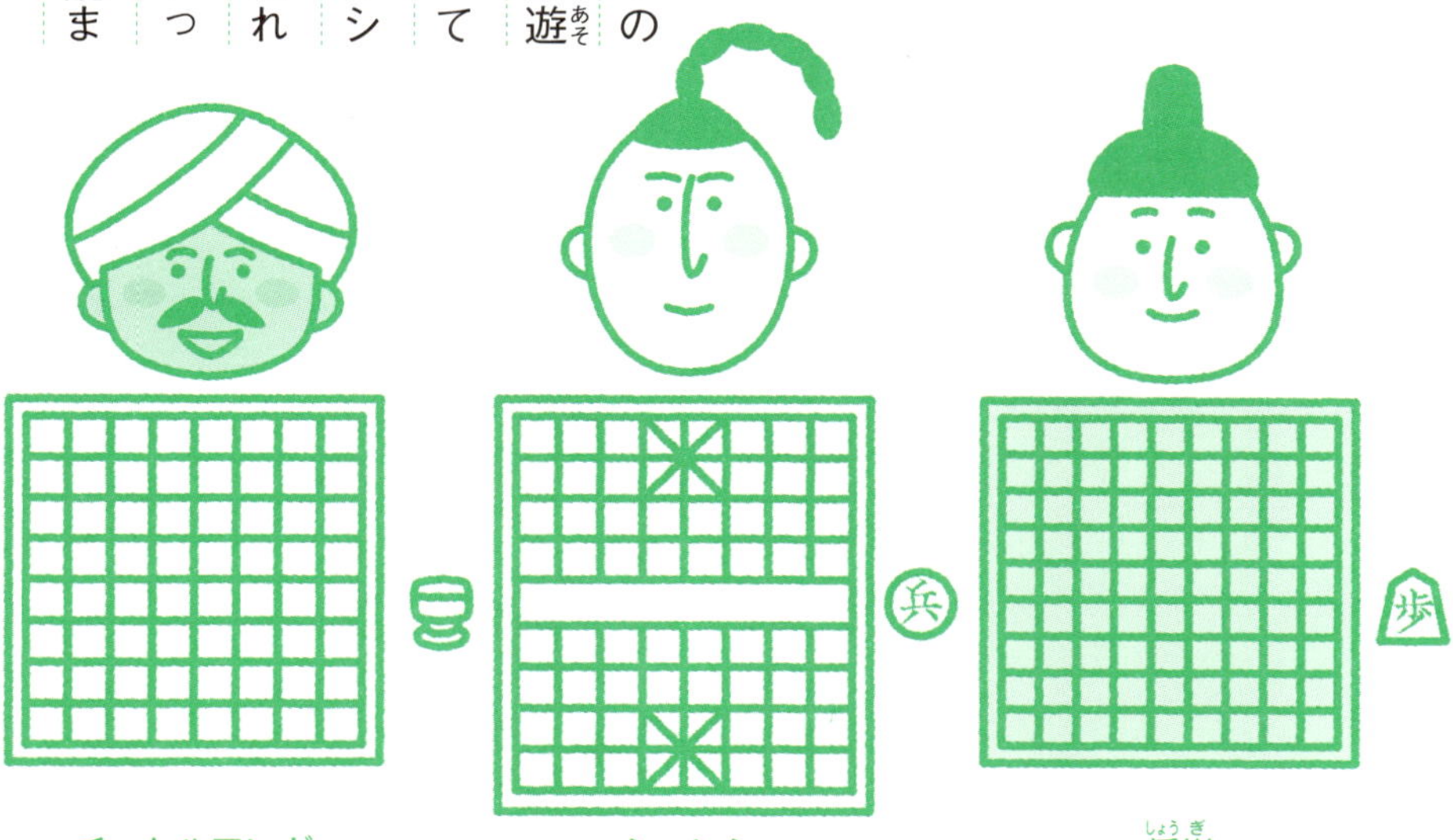

チャトルアンガ　シャンシ　将棋《しょうぎ》

関連《かんれん》することがら

チャトルアンガ

「チャトル」は四、「アンガ」は隊員《たいいん》の「員《いん》」の意味《いみ》で、象《ぞう》、馬《うま》、車《くるま》、歩兵《ほへい》の四つをさす。この四つをかたどるこまで勝負《しょうぶ》したので、そうよんでいた。チャトルアンガはヨーロッパにもつたわり、チェスになった。

チェスのこまと盤《ばん》

くじ

【籤】

意味《いみ》

人《ひと》の意志《いし》や力《ちから》がくわわらないようにして、これからの運《うん》を見《み》たり、ものごとを決定《けってい》したりする方法《ほうほう》。また、決定《けってい》したことがしめされる紙《かみ》など。

語源《ごげん》

「くし（串）」がなまって、できたことば。昔《むかし》は、神《かみ》さまの意思《いし》を知《し》るために使用《しよう》された。竹《たけ》や木《き》でつくった串《くし》のなかから、あたりの串《くし》をひいた人《ひと》が、重要《じゅうよう》な役割《やくわり》をはたした。

関連《かんれん》することがら

おみくじ

神社《じんじゃ》やお寺《てら》に参拝《さんぱい》して、運《うん》をうらなうくじ。ていねいない い方《かた》をあらわす「おみ」が、「くじ」についてできたことば。お正月《しょうがつ》の初《はつ》もうでで、おみくじをひき、一年《ねん》の運勢《うんせい》をうらなったりする。

トランプ

意味《いみ》

室内《しつない》ゲームの用具《ようぐ》の一つ。厚紙《あつがみ》やプラスチックでできたカードで、五十三枚《まい》ひと組《くみ》。ゲームのほか、うらないやマジックにも使《つか》う。

語源《ごげん》

フランス語《ご》の「トライアンフ」からでたことば。もとは勝利《しょうり》、切《き》り札《ふだ》を意味《いみ》することばだが、明治時《めいじじ》代《だい》に日本《にほん》で、カードゲームをさすようになった。

関連《かんれん》することがら

トランプのマーク

トランプには、ハート、ダイヤモンド、クラブ、スペードの四つのマークがある。スペードは剣《けん》をあらわし、クラブはこん棒《ぼう》のこと。ダイヤモンドはお金《かね》をしめしたもので、ハートは心臓《しんぞう》をあらわす。聖杯《せいはい》を意味《いみ》するという説《せつ》もある。

ぶらんこ

意味《いみ》

子《こ》どもの遊《あそ》び道具《どうぐ》の一つ。つりさげた二本《ほん》のロープなどの下《した》に、横板《よこいた》をわたし、それにのって前後《ぜんご》にゆり動《うご》かして遊《あそ》ぶ。

語源《ごげん》

いくつか説《せつ》があるが、ぶらんとさがっていることから、ついた名前《なまえ》と考《かんが》えられる。もとは、「ぶらここ」「ぶらこ」などといった。古代《こだい》には、ゆさぶるという意味《いみ》で「ゆさはり」ともよばれた。

関連《かんれん》することがら

インドでうまれたぶらんこ

昔《むかし》、インドでは宗教《しゅうきょう》の儀式《ぎしき》でぶらんこが使《つか》われた。それが中国《ちゅうごく》につたわって、「しゅうせん（鞦韆）」となった。平安時代《へいあんじだい》に、日本《にほん》にもつたわったが、現在使《げんざいつか》われているようなぶらんこは、ドイツから明治時代《めいじじだい》にはいってきたといわれている。

すもう【相撲】

意味《いみ》

土俵内《どひょうない》でふたりの力士《りきし》がとり組《く》み、相手《あいて》を先《さき》に外《そと》にだすか、たおすかして勝敗《しょうはい》をきめるスポーツ。日本《にほん》の国技《こくぎ》。

語源《ごげん》

つかみあってあらそうという意味《いみ》の「すまう（争う）」という動詞《どうし》が、名詞《めいし》になったと考《かんが》えられている。「相撲《すもう》」という漢字《かんじ》は、「あい（相）・うつ（撲つ）」という意味《いみ》で、なぐりあいを意味《いみ》している。

関連《かんれん》することがら

相撲節会《すまいのせちえ》

すもうはもともと、作物《さくもつ》がよくみのるように、神《かみ》さまにいのるためのものだった。平安時代《へいあんじだい》には、宮廷《きゅうてい》のだいじな行事《ぎょうじ》となり、毎年《まいとし》七月《がつ》に全国《ぜんこく》からえらばれた力士《りきし》が、天皇《てんのう》の前《まえ》ですもうをとった。これを、「相撲節会《すまいのせちえ》」といった。

大《おお》ずもうがおこなわれる、両国国技館《りょうごくこくぎかん》

しあい【試合】

意味《いみ》

スポーツなどで、勝負《しょうぶ》をかけてたたかうこと。

語源《ごげん》

おたがいにたたかいあうこと、また、ともに何《なに》かをすることを「しあう（為合う）」という。このことばが名詞《めいし》に変化《へんか》したのが、「しあい」。漢字《かんじ》では「試合・仕合」と書《か》くが、これらはあて字《じ》で、本来《ほんらい》は「為合《しあい》」であった。

関連《かんれん》することば

「試合《しあい》」のつくことば

他流試合《たりゅうじあい》

武芸《ぶげい》などで、ほかの流儀《りゅうぎ》の者《もの》と試合《しあい》をすること。

御前試合《ごぜんじあい》

将軍《しょうぐん》や大名《だいみょう》などの前《まえ》でおこなわれた、武術《ぶじゅつ》の試合《しあい》をさしていうことば。

完全試合《かんぜんじあい》

野球《やきゅう》で、相手《あいて》チームにまったく出塁《しゅつるい》やヒット、得点《とくてん》などをゆるさず、完全《かんぜん》に勝《か》った試合《しあい》。

やきゅう【野球】

意味《いみ》

アメリカで発達《はったつ》した、屋外競技《おくがいきょうぎ》の一種《いっしゅ》。九人《にん》ずつのふた組《くみ》が、攻撃《こうげき》と守備《しゅび》を九回《かい》くりかえし、得点《とくてん》をきそう。

語源《ごげん》

「野外《やがい》でおこなう球技《きゅうぎ》」ということから、名《な》づけられた。明治《めいじ》二十七年《ねん》（一八九四年《ねん》）に、第一高等学校《だいいちこうとうがっこう》（東京大学《とうきょうだいがく》教養学部《きょうようがくぶ》の前身《ぜんしん》）の選手《せんしゅ》だった、中馬庚《ちゅうまかのえ》らによって、考案《こうあん》されたことば。

関連《かんれん》することがら

野球《やきゅう》の歴史《れきし》

日本《にほん》に野球《やきゅう》が伝《つた》わったのは、明治《めいじ》六年《ねん》（一八七三年《ねん》）ごろ。アメリカから来日《らいにち》したウィルソン（のちの東京大学《とうきょうだいがく》の教師《きょうし》）が教《おし》えたのが最初《さいしょ》とされている。その当時《とうじ》は、英語《えいご》で野球《やきゅう》を意味《いみ》するbaseballの読《よ》み方《かた》そのままに「ベースボール」とよんだり、「底球《ていきゅう》」「玉遊《たまあそ》び」とよんだりしていた。

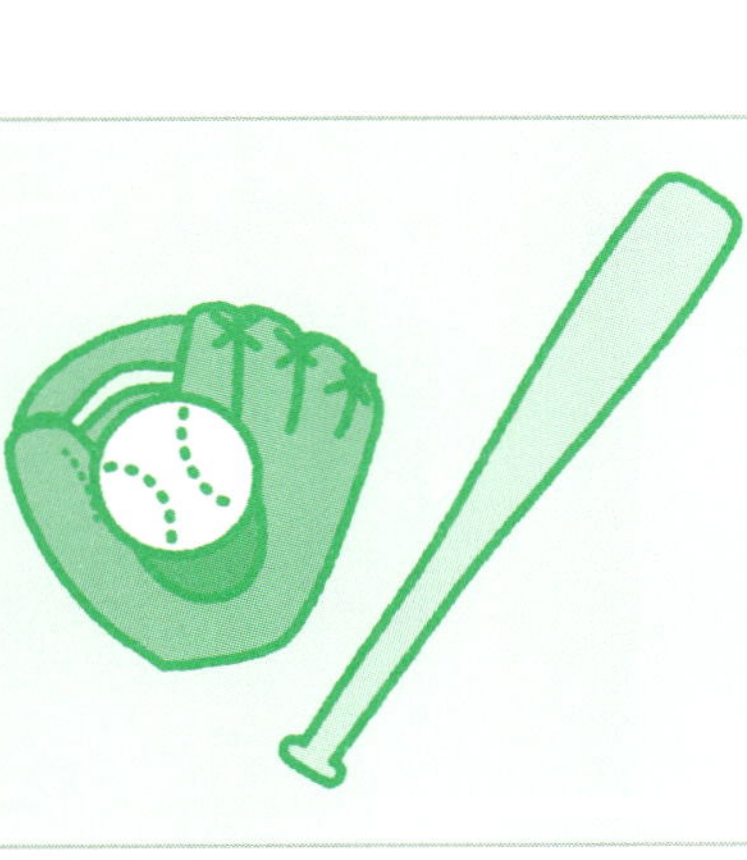

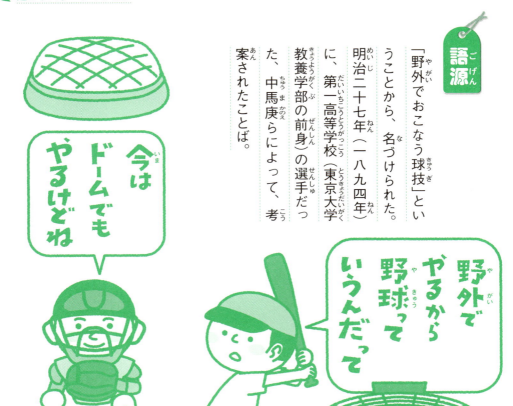

たっきゅう

【卓球】

意味《いみ》

長方形《ちょうほうけい》の台《だい》の中央《ちゅうおう》にネットをはり、ボールを打《う》ちあう室内競技《しつないきょうぎ》。

語源《ごげん》

英語《えいご》の「テーブルテニス」を訳《やく》したことば。「卓《たく》」は、テーブルのような高《たか》い机《つくえ》という意味《いみ》。「球《きゅう》」は、ボールのこと。

関連《かんれん》することがら

卓球《たっきゅう》のはじまり

フランスの宮廷《きゅうてい》で、屋外《おくがい》でたのしむテニスを、屋《おく》内《ない》の床《ゆか》でもおこなうようになった。さらに、テーブルの上《うえ》で競技《きょうぎ》をするようになったのが、卓球《たっきゅう》のはじまりという説《せつ》がある。

ピンポン

卓球《たっきゅう》は、ボールを打《う》つ音《おと》から「ピンポン」ともいう。中国《ちゅうごく》では「乒乓」と書《か》いて、ピンポンと読《よ》む。

たいそう【体操】

意《い》味《み》

からだの健康《けんこう》や、体力《たいりょく》づくりのためにおこなう規《き》則正《そくただ》しい運動《うんどう》。

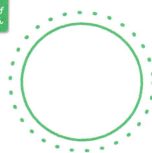

語源《ごげん》

「体《からだ》」を「あやつる（操る）」という意味《いみ》。また、「身体操術《しんたいそうじゅつ》」の略《りゃく》されたことばともいう。「操《そう》」は、「訓練《くんれん》」の意味《いみ》をもつ。「術《じゅつ》」は、身《み》につけたわざのこと。十八世紀《せいき》にヨーロッパ各地《かくち》で体操《たいそう》のやり方《かた》が考《こう》案《あん》され、明治時代《めいじじだい》のはじめに日本《にほん》につたえられた。

関連《かんれん》することがら

器械体操《きかいたいそう》

鉄棒《てつぼう》やマット、平均台《へいきんだい》などを使《つか》って、運動能力《うんどうのうりょく》と器用《きよう》さをやしなう体操《たいそう》。オリンピックなどでは、日本人選手《にほんじんせんしゅ》の活躍《かつやく》が見《み》られる。

えきでん【駅伝】

意《い》味《み》

数人《すうにん》でチームをつくって、区間《くかん》をきめて走《はし》る長距離《ちょうきょり》のリレー競走《きょうそう》。

語源《ごげん》

「駅伝《えきでん》」というのはもともと、古代《こだい》の交通《こうつう》や通信制度《つうしんせいど》のこと。約《やく》十六キロメートルごとに駅《えき》をおいて、緊急時《きんきゅうじ》には馬《うま》を走《はし》らせたり、長旅《ながたび》の宿泊《しゅくはく》をしたりした。

一九一七年《ねん》に、三日間《かかん》にわたる「東海道駅伝徒歩競走《とうかいどうえきでんとほきょうそう》」がおこなわれたとき、東海道五十三次《とうかいどうごじゅうさんつぎ》の宿駅《しゅくえき》にちなんで、「駅伝《えきでん》」と名《な》づけられたのがはじまり。

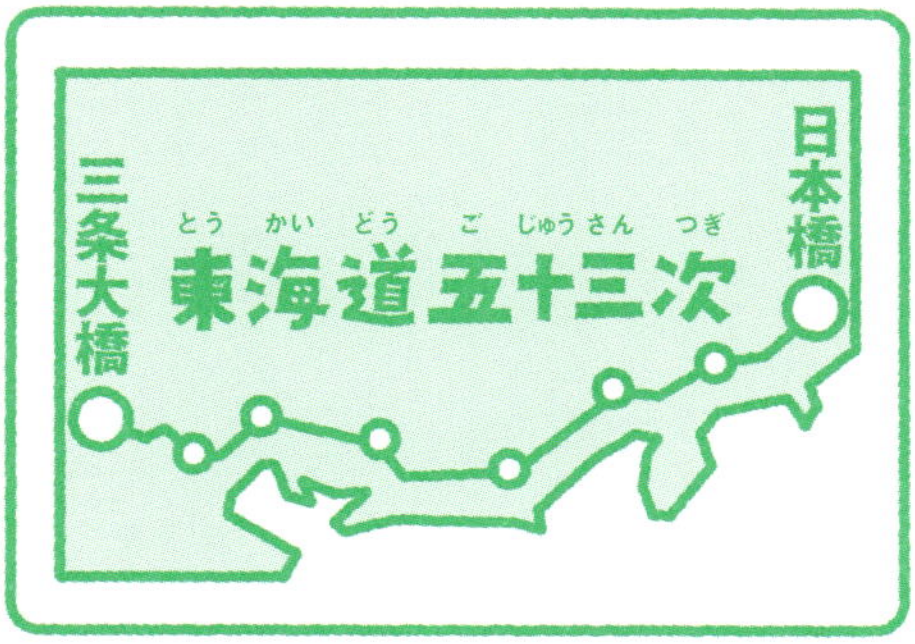

関連《かんれん》することがら

いろいろな駅伝《えきでん》

駅伝《えきでん》の代表的《だいひょうてき》なものとしては、東京箱根間往復大学駅伝《とうきょうはこねかんおうふくだいがくえきでん》、名古屋《なごや》・伊勢間《いせかん》の全日本大学駅伝《ぜんにほんだいがくえきでん》、全国都道府県対抗駅伝《ぜんこくとどうふけんたいこうえきでん》などがある。地域《ちいき》の中学校《ちゅうがっこう》や、高等学校《こうとうがっこう》の対抗駅伝《たいこうえきでん》もさかんである。

マラソン

意味《いみ》

陸上競技《りくじょうきょうぎ》の一つ。四二・一九五キロメートルを走《はし》る。

語源《ごげん》

「マラトン」というギリシアの地名《ちめい》が英語読《えいごよ》みされたことば。紀元前《きげんぜん》四九〇年《ねん》ごろ、ギリシア軍《ぐん》がこの地《ち》でペルシアとたたかい、勝《か》った。ギリシアの勇士《ゆうし》が、マラトンからアテネの町《まち》まで走《はし》りつづけて、味方《みかた》の勝利《しょうり》をつげてそのまま息《いき》たえた。この故事《こじ》にちなみ、マラトンからアテネまでと同《おな》じ、約《やく》四十キロの距離《きょり》を走《はし》る競技《きょうぎ》が、一八九六年《ねん》の第《だい》一回《かい》アテネオリンピックの種目《しゅもく》となった。

関連《かんれん》することがら

ペルシア戦争《せんそう》

紀元前《きげんぜん》五〇〇年《ねん》から紀元前《きげんぜん》四四九年《ねん》までつづいた、ギリシアとペルシア帝国《ていこく》の戦《せん》争《そう》。ペルシアは、三回《かい》にわたってギリシアをせめたが、やぶれた。

サッカー

意味《いみ》
十一人《にん》ずつの二チームにわかれ、手《て》を使《つか》わずにボールを相手《あいて》のゴールにいれ、得点《とくてん》をきそうスポーツ。

語源《ごげん》

サッカーの正式《せいしき》な名前《なまえ》は、フットボールという。十二世紀《せいき》ごろイギリスではじまり、一八六三年《ねん》に、フットボール協会《きょうかい》が設立《せつりつ》された。当時《とうじ》の学生《がくせい》たちが、協会式《きょうかいしき》フットボールという意味《いみ》の、「アソシエーション・フットボール」を略《りゃく》した「アソック」を変化《へんか》させ、「サッカー」とよんだのがはじまり。

関連《かんれん》することば

ラグビー

イギリスのラグビー校《こう》ではじまったフットボールの一種《いっしゅ》。十五人《にん》ずつの二チームが、だ円形《えんけい》のボールを相手《あいて》のゴールにもちこむか、ゴールキックをきめることにより、点数《てんすう》をあらそう。フットボールは、協会《きょうかい》ができるまでは、学校《がっこう》によってさまざまなルールでおこなわれていた。ラグビー校《こう》では、ボールを手《て》にもって走《はし》るのがふつうだった。

スタンドプレー

意味《いみ》

自分《じぶん》を目立《めだ》たせるような動作《どうさ》を、意識的《いしきてき》にすること。観客《かんきゃく》のかっさいをうけるような、はでなプレー。

語源《ごげん》

英語《えいご》からとりいれたことば。「スタンド」は、野球場《やきゅうじょう》や競技場《きょうぎじょう》の、階《かい》段式《だんしき》の観客席《かんきゃくせき》、または見物席《けんぶつせき》をいう。「プレー」は競技《きょうぎ》のわざという意味《いみ》で、あわせると、観客席《かんきゃくせき》にむかって見《み》せるわざという意味《いみ》。ただし英語《えいご》では、同《おな》じ意味《いみ》のことを「グランドスタンドプレー」という。

関連《かんれん》することがら

スタジアム

英語《えいご》で競技場《きょうぎじょう》という意味《いみ》の「スタジアム」は、「スタディオン」という古代《こだい》ギリシアのオリンピック競技《きょうぎ》からきている。これは、距離《きょり》の単位《たんい》「スタディオン」（約《やく》二〇〇メートル）を走《はし》る短《たん》距離《きょり》競走《きょうそう》で、この競技《きょうぎ》をおこなう競《きょう》走場《そうじょう》のこともスタディオンといった。

古代《こだい》ギリシャの競技場《きょうぎじょう》

うんどうかい

【運動会】

意味《いみ》

学校《がっこう》の運動場《うんどうじょう》や広場《ひろば》などで、さまざまな運動競技《うんどうきょうぎ》をおこなう、集団《しゅうだん》のもよおし。

語源《ごげん》

運動競技《うんどうきょうぎ》をおこなう集会《しゅうかい》というのが、もとの意味《いみ》。この「運動《うんどう》」とは、英語《えいご》の「スポーツ」を日本語《にほんご》に訳《やく》したものだが、もともと「運動《うんどう》」ということばは、健康《けんこう》のために体《からだ》を「はこび（運び）・うごかす（動かす）」という意味《いみ》で、江戸時代《えどじだい》のころから使《つか》われていた。

関連《かんれん》することがら

体育《たいいく》の日《ひ》

一九六四年《ねん》十月《がつ》十日《か》に、東京《とうきょう》オリンピックの開会式《かいかいしき》がおこなわれたため、十月《がつ》十日《か》は体育《たいいく》の日《ひ》として、国民《こくみん》の祝日《しゅくじつ》となった。二〇〇〇年《ねん》からは十月《がつ》の第《だい》二月《げつ》曜日《ようび》となり、年《とし》によって日《ひ》にちは移動《いどう》する。

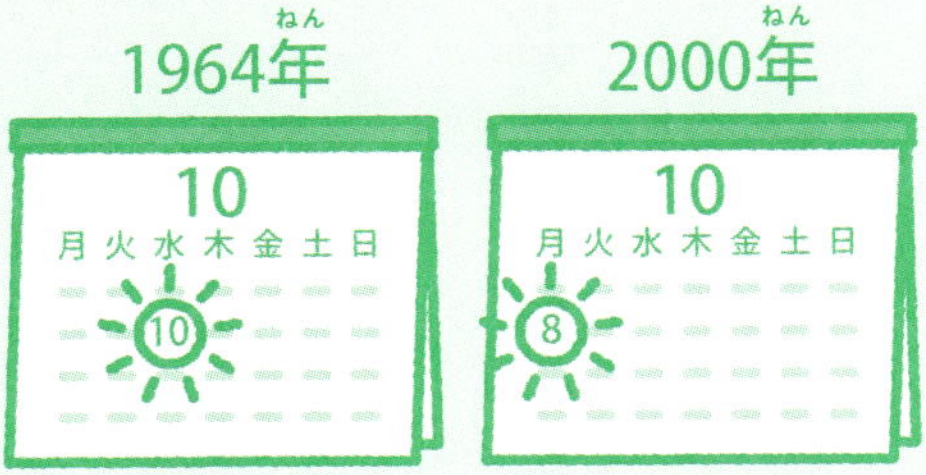

オリンピック

意味《いみ》

国際《こくさい》オリンピック委員会《いいんかい》（ＩＯＣ《アイオーシー》）が主催《しゅさい》する、国《こく》際《さい》的《てき》総合《そうごう》スポーツ競技《きょうぎ》大《たい》会《かい》。四年《ねん》に一度《ど》、世界《せかい》じゅうからえらばれた都市《とし》でひらかれる。

語源《ごげん》

古代《こだい》ギリシアの聖地《せいち》、オリンピアからついた名前《なまえ》。ギリシア神話《しんわ》の神《かみ》・ゼウスをまつる大《おお》きな祭《まつ》りが、四年《ねん》に一度《ど》おこなわれていた。その余興《よきょう》で、競技大会《きょうぎたいかい》もひらかれ、オリンピックと名《な》づけられた。

関連《かんれん》することがら

近代《きんだい》のオリンピック

近代《きんだい》になって、フランス人《じん》のクーベルタンが、世界平和《せかいへいわ》のためのオリンピック復活《ふっかつ》をよびかけ、成功《せいこう》させた。第一回《だいかい》オリンピックは、一八九六年《ねん》にギリシアのアテネでひらかれ、一九六四年《ねん》には、第十八回《だいかい》オリンピックが東京《とうきょう》で開催《かいさい》された。

2020年《ねん》東京《とうきょう》オリンピックで競技《きょうぎ》に採用《さいよう》された空手《からて》
(公益財団法人《こうえきざいだんほうじん》 全《ぜん》日本空手道連盟《にほんからてどうれんめい》)

いろはがるた

「いろはがるた」というかるたがあります。最《さい》初《しょ》の一枚《まい》は「犬《いぬ》も歩《ある》けば棒《ぼう》にあたる」で、みなさんも知《し》っているかもしれませんね。このかるたは「いろは四十七文字《もじ》」の一字《じ》一字《じ》をいちばん上《うえ》につけて、つくってあります。「い」の次《つぎ》は「ろ」ではじまる「ろんよりしょうこ」で、その次《つぎ》は「は」ではじまる「はなよりだんご」です。子《こ》ども向《む》きにつくられていて、おもにことわざや教訓《きょうくん》などをよんだものが多《おお》いようです。「犬《いぬ》も歩《ある》けば棒《ぼう》にあたる」は、でしゃばるとわざわいにあうという意味《いみ》と、やってみると思《おも》わぬ幸運《こううん》もあるという意味《いみ》があります。「論《ろん》より証拠《しょうこ》」は、議論《ぎろん》するより実際《じっさい》の証拠《しょうこ》があったほうがはっきりするという意味《いみ》です。「花《はな》よりだんご」は、見《み》てうつくしいものより、実《じっ》際《さい》に役《やく》だつもののほうがいいということです。

いろはがるたは「あいうえお」がるたと同《おな》じように、文字《もじ》のふだを読《よ》みあげ、ならべた絵《え》のふだを数多《かずおお》くとった人《ひと》が勝《か》つという遊《あそ》びです。いろはがるたといっても、江戸《えど》や京都《きょうと》や尾張《おわり》など、ひろまった地域《ちいき》によってふだの内容《ないよう》がちがいます。たとえば、江戸《えど》の「いろはがるた」のなかには、「ちりも積《つ》もれば山《やま》となる」「楽《らく》あれば苦《く》あり」「芸《げい》は身《み》を助《たす》ける」などがあります。ところが、この同《おな》じ字《じ》ではじまるかるたが、関西《かんさい》では「地獄《じごく》のさたも金《かね》しだい」「来年《らいねん》のことをいえば鬼《おに》がわらう」「げたと焼《や》きみそ」となります。

このように「いろはがるた」は、いろは四十七文字《もじ》に「京《きょう》」の一文字《もじ》を加《くわ》えた、四十八文字《もじ》ではじまる歌《うた》が書《か》かれた文字《もじ》のふだと、それぞれの文《も》字《じ》ふだにあう絵《え》ふだの合計《ごうけい》九十六枚《まい》のかるたがつくられています。江戸《えど》につたわる「いろはがるた」の、「京《きょう》」がつく最後《さいご》の一枚《まい》は「京《きょう》の夢《ゆめ》　大坂《おおさか》（現《げん》在《ざい》の大阪《おおさか》）の夢《ゆめ》」ですが、「京《きょう》」は都《みやこ》のことで、いつかはいってみたいというみんなの夢《ゆめ》が、歌《うた》になっているといえるでしょう。すごろくのあがりも「京《きょう》」になっていることが多《おお》かったようです。

　ところで、「いろは四十七文字《もじ》」のすべてを一文《も》字《じ》ずつよみこんだ「いろは歌《うた》」があります。「いろはにほへと　ちりぬるを　わかよたれそ　つねならむ　うゐのおくやま　けふこえて　あさきゆめみし　ゑひもせす」です。漢字《かんじ》をあてれば、もう少《すこ》し意味《いみ》がわかりやすくなるかもしれません。「色《いろ》は匂《にお》えど　散《ち》りぬるを　わが世誰《よたれ》ぞ　常《つね》ならむ　有《う》為《い》の奥山《おくやま》　今日越《けふこ》えて　浅《あさ》き夢見《ゆめみ》じ　酔《よ》いもせず」となります。美《うつく》しく咲《さ》いている花《はな》もいつかは散《ち》ってしまうように、この世《よ》ははかないものだと理解《りかい》し、さまざまのなやみをたちきったときに、さとりが得《え》られるのだという意味《いみ》です。「いろは歌《うた》」は仏教《ぶっきょう》の真言宗《しんごんしゅう》をひらいた空海《くうかい》がつくったといわれますが、ほんとうのところはわかりません。

　いろは歌《うた》は手《て》ならい歌《うた》ともいわれて、はじめて文字《もじ》を書《か》くとき、子《こ》どもたちはこの歌《うた》でならいました。おけいこごとのはじめを「いろは」ともいいます。

おさらい＆チャレンジクイズ！

Q6 おもちゃのこまの語源《ごげん》にかかわるといわれる、昔《むかし》あった国《くに》とは？

Q7 江戸時代《えどじだい》からつたわる商売《しょうばい》の「ふき玉屋《だまや》」とは、何《なん》の道具《どうぐ》を売《う》る商売《しょうばい》か。

Q8 さいころを二つ使《つか》うことから名《な》前《まえ》がついた遊《あそ》びは？

Q9 「将棋《しょうぎ》」は、どこではじまったゲーム？

Q10 室内遊《しつないあそ》びの「トランプ」の本来《ほんらい》の意味《いみ》は？

答《こた》えは96ページへ！

95ページの答《こた》え

A6 高麗《こうらい》。昔《むかし》の朝鮮《ちょうせん》のこと。

A7 しゃぼん玉《だま》

A8 すごろく(双六)。インドではじまり、唐《とう》の時代《じだい》に中国《ちゅうごく》から日本《にほん》に伝《つた》わった。

A9 インド。

A10 勝利《しょうり》、切《き》り札《ふだ》という意味《いみ》。フランス語《ご》の「トライアンフ」が変化《へんか》したもの。

47ページの答《こた》え

A1 初日《はつひ》の出《で》。元旦《がんたん》とは、年《とし》のはじめの明《あ》け方《がた》という意味《いみ》。

A2 もち。神《かみ》さまにささげたもちを、わけあったのが「お年玉《としだま》」のはじまり。

A3 千歳《ちとせ》あめ。江戸時代《えどじだい》、浅草《あさくさ》のあめ売《う》りが、長寿《ちょうじゅ》を祝《いわ》う意味《いみ》で「千年《ちとせ》あめ」と名《な》づけて売《う》りだしたのがはじまり。

A4 鏡《かがみ》びらき。「割《わ》る」ということばは縁起《えんぎ》がわるいので、「開《ひら》く」というようになった。

A5 熊手《くまで》。酉《とり》の市《いち》は、商売繁盛《しょうばいはんじょう》をねがうものだが、もとは農作物《のうさくぶつ》の収穫《しゅうかく》を祝《いわ》う秋祭《あきまつ》りだったという。

シリーズ監修
江川 清（元国立国語研究所情報資料研究部長）
1942年にうまれる。1965年神戸大学卒業。専攻は社会言語学・情報学。専門書のほか、小中学生向けに『まんがことわざなんでも事典』（金の星社）、『漢字えほん』（ひさかたチャイルド）など著作・監修多数。

ふしぎ？ びっくり！ ことばの由来博物館
行事と遊びのことば

初版第1刷　2018年11月26日

文	山下暁美（元明海大学院応用言語学研究科・外国語学部教授）
絵	ヤス・タグチータ
編集協力	スタジオポルト
デザイン	スタジオダンク
発行	株式会社ほるぷ出版 〒101-0051　東京都千代田区神田神保町3-2-6 電話　03-6261-6691
発行人	中村宏平
印刷所	共同印刷株式会社
製本所	株式会社ブックアート

NDC812　96P　210×148mm
ISBN978-4-593-58797-1

本シリーズは、2000年に刊行された「ふしぎびっくり語源博物館」シリーズ（小社刊）を再編集・改訂したものです。